A BARBÁRIE DE BERLIM

G. K. Chesterton

A BARBÁRIE DE BERLIM

Título Original: *The Barbarism of Berlin*

Copyright© da Edição Brasileira 2023 – Lvm Editora

Os direitos desta edição pertencem à
LVM Editora
Rua Leopoldo Couto de Magalhães Júnior, 1098, Cj. 46
04.542-001 São Paulo, SP, Brasil
Telefax: 55 (11) 3704-3782
contato@lvmeditora.com.br

Gerente editorial | Chiara Ciodarot
Editor-chefe | Pedro Henrique Alves
Editora assistente | Georgia Kallenbach
Tradução | Roberta Sartori
Revisão e preparação de texto | Alexandre Ramos da Silva e
Pedro Henrique Alves
Capa | Mariangela Ghizellini
Diagramação | Spress

Impresso no Brasil, 2023.

Dados Internacionais de Catalogação na Publicação (CIP)
Angélica Ilacqua CRB-8/7057

C45b	Chesterton, G. K.
	A barbárie de Berlim / G. K. Chesterton ; tradução de Roberta Sartori. –São Paulo : LVM Editora, 2023.
	72 p.
	Bibliografia
	isbn 978-65-5052-128-8
	Título: The Barbarism of Berlin
	1. História mundial 2. Prússia 3. Guerra Mundial, 1914-1918 I. Título II. Sartori, Roberta
23-6036	CDD 940.3

Índices para catálogo sistemático:
1. História mundial

Reservados todos os direitos desta obra.
Proibida toda e qualquer reprodução integral desta edição por
qualquer meio ou forma, seja eletrônica ou mecânica, fotocópia,
gravação ou qualquer outro meio de reprodução sem permissão
expressa do editor.
A reprodução parcial é permitida, desde que citada a fonte.
Esta editora empenhou-se em contatar os responsáveis pelos direitos autorais de todas as imagens e de outros materiais utilizados
neste livro.
Se porventura for constatada a omissão involuntária na identifica-
ção de algum deles, dispomo-nos a efetuar, futuramente, os pos-
síveis acertos.

Sumário

7 **Introdução à edição brasileira**
Pedro Henrique Alves

13 **Introdução:** Os fatos do caso

23 **Capítulo I** | A guerra pela palavra

35 **Capítulo II** | A recusa da reciprocidade

49 **Capítulo III** | O apetite da tirania

61 **Capítulo IV** | O subterfúgio da insensatez

Introdução à edição brasileira

Pedro Henrique Alves[1]

Muitos daqueles que gostam de G. K. Chesterton se acostumaram a ler ensaios sobre literatura, história e religião, mas poucos experimentaram um texto dele sobre política, análise histórica e social como em *A Barbárie de Berlim*. Entretanto, é bom preveni-los, desde já, que a "barbárie de Berlim" aqui analisada por Chesterton não se trata daquele pandemônio causado por Hitler e seus seguidores — até porque Chesterton morreu apenas três anos após a ascensão do ditador sanguinário ao poder e o livro aqui introduzido foi escrito em 1914 —, e sim de uma análise das motiva-

---

[1] Pedro Henrique Alves é filósofo, editor-chefe da LVM Editora e escreve semanalmente para jornais e revistas especializadas no pensamento liberal e conservador sobre política, filosofia e literatura.

G. K. Chesterton

ções, dos métodos e das consequências que gestaram as ações da então Prússia durante a 1ª Guerra Mundial.

Chesterton, sob o intuito de analisar as ações do império alemão e dos demais países que batalhavam naquela guerra, nos legou *insights* preciosos sobre relações internacionais, filosofia política e psique totalitária, tornando *A barbárie de Berlim* um dos ensaios mais fecundos do autor católico sobre as bases ideárias da Alemanha na Primeira Guerra Mundial. Não é nenhum exagero afirmar que o que ele previu das ações da Prússia se revelaria assustadoramente factual na Alemanha com o nazismo.

As ideias alavancadas e conclusões ousadas que ele deixou nesse texto hoje são verdades duras que constatamos com aquela ressaca histórica ante o que aconteceu depois de 1933. Aquela mentalidade totalitária e supremacista entre os intelectuais prussianos que Chesterton denunciou, novamente encontra o mesmo apreço nos dias atuais, só que agora em nossas universidades e sociedades civis ocidentais, sob uma roupagem ideológica ligeiramente diferente, mas igualmente autoritária e vil; ou seja, o que em 1914 Chesterton já havia rastreado como as raízes do mal político nas ações prussianas, se fez real com o nazismo alemão na Segunda Guerra.

Chesterton denunciou um problema sutil demais para mentes pouco atentas aos detalhes filosóficos que envolveram aquela guerra. No fundo, o ensaísta inglês estava analisando os pressupostos ideários que passaram batidos pelos demais analistas que cobriam

A bárbarie de Berlim

a guerra naquele momento; ele encontrou nas intenções geopolíticas declaradas do império alemão, e em sua retórica oficial de avanço militar, político, científico e civilizacional, uma ideologia de "barbárie", aquilo que ele chama neste livro de "Barbárie Positiva". Isto é: a ideia de que, sob um roteiro científico bem ajustado, ordenado para um fim sanitário adequado, a política de um país fadado ao sucesso civilizacional como a Alemanha poderia tornar o mal da guerra uma obra de redenção humana. E, para isso, diz Chesterton, a Prússia estava determinada a atropelar e ignorar as heranças tradicionais que regiam a moralidade básica dos ocidentais, encontrando assim, no livre descartar do senso comum e da ética do Ocidente, o caminho para o avanço social e humano que eles definiram como meta.

Diz ele logo no primeiro capítulo:

> Estamos falando de algo que está deliberadamente em guerra com os princípios que viabilizaram a sociedade humana até aqui. É claro que, até para destruir a civilização, é preciso ser parcialmente civilizado. Uma tal ruína não poderia ser provocada por selvagens pouco mais que subdesenvolvidos ou ociosos. Não poderíamos sequer ter os hunos sem cavalos; ou cavalos sem a equitação. Não poderíamos sequer ter os piratas dinamarqueses sem navios, ou os navios sem a navegação. Essa pessoa, a quem posso chamar de Bárbaro Positivo, deve ser um pouco mais superficialmente atualizada do que

aquela que posso chamar de Bárbaro Negativo. Alarico (c. 370-410) era um oficial nas legiões romanas, mas isso não o deteve, e ele destruiu Roma. Ninguém supõe que os esquimós pudessem tê-lo feito com a mesma perfeição. Mas, no sentido que estamos empregando, a barbárie não é uma questão de método, mas de meta. Dizemos que esses vândalos disfarçados têm o objetivo perfeitamente definido de destruir certas ideias que, segundo lhes parece, já não servem mais para o mundo; sem as quais, como nos parece, o mundo acabará morrendo.

Nas páginas que se seguirão, Chesterton construirá uma análise filosófica completa desse panorama, mostrando-nos que a Alemanha já mentalizava e estruturava uma ideologia de salvação e ordenamento humano há mais tempo que muitos hoje supõem. A destruição da democracia como forma de reestruturação da civilização através de uma ideologia salvífica e supremacista já era notado por Chesterton desde 1914.

E o paradoxo da Prússia é este: embora os seus príncipes e nobres não tenham outro objetivo nesta terra senão destruir a democracia onde quer que ela se apresente, eles conseguiram se convencer de que são, não os guardiões do passado, mas sim os precursores do futuro. Eles mesmos não acreditam na popularidade da sua teoria, mas acreditam que ela é progressista.

A bárbarie de Berlim

E, diz o ensaísta inglês, o erro principal dessa agenda que logo mais se tornaria a herança mais macabra da história moderna está na quebra do contrato humano de preservação das tradições e experiências humanas acumuladas, o abandono da ortodoxia humana assentada na humildade histórica, em troca da soberba protocientífica da construção de uma humanidade perfeita por meio da guerra e da política. Abandona-se, assim, as promessas comuns entre os indivíduos, os contratos naturais assegurados pela lei natural e os deveres morais e nacionais assegurados por leis, e em nome de uma ideologia nova, construída sobre uma pretensa ciência que nos promete a reconstrução civilizacional e a vitória sobre o velho pacto humano baseado na prudência — porque somos falhos; e na honra — porque somos seres metafísicos.

Completa o autor:

> Tomei o caso do juramento ou do contrato, que o intelectualismo prussiano gostaria de destruir. Insisti que o prussiano é um bárbaro espiritual, porque ele não está ligado ao seu próprio passado mais do que alguém está às coisas com as quais sonha enquanto dorme. Ele confessa que, quando prometeu respeitar uma fronteira na segunda-feira, não previu o que chama de "necessidade" de não respeitá-la na terça-feira. Em suma, ele é como uma criança que, ao final de todas as explicações razoáveis e lembre-

tes dos arranjos assumidos, não tem resposta, exceto 'Mas *eu quero*'.

A barbárie de Berlim, dessa forma, trata-se de um texto que passou desapercebido por muitos anos no Brasil — apesar de já ter circulado em uma edição nacional da editora Agir, de 1946, com a tradução do grande Gustavo Corção —, há décadas encontra-se vergonhosamente esquecido. A LVM resgata esta preciosidade ao grande público nacional, o ensaio político-histórico de um dos maiores — se não o maior — ensaístas ingleses do século XIX, na esperança de que sua genialidade seja sempre revista e o autoritarismo ideológico, sempre denunciado a tempo de uma resposta vigorosa daqueles que se importam com a liberdade dos indivíduos, a segurança de seus filhos e a sanidade dos homens.

Introdução

Os fatos do caso

A menos que sejamos todos loucos, por trás da circunstância mais perturbadora há uma história, não existe essa coisa chamada mera insanidade. Se eu colocar fogo em uma casa, é bem verdade que posso acabar iluminando as debilidades de muitas outras pessoas, sem contar as minhas próprias. Pode ser que o dono da casa tenha se queimado porque estava bêbado; pode ser que a dona da casa tenha se queimado porque era mesquinha e tenha perecido enquanto discutia sobre o custo de uma saída de emergência. No entanto, a verdade geral é que ambos se queimaram porque eu coloquei fogo na casa deles. Essa é a história por trás da coisa. Os simples fatos da história, a respeito da atual conflagração europeia, são igualmente fáceis de contar[2].

Antes de avançarmos para as questões mais profundas que fazem desta a guerra mais sincera da história humana, é tão fácil responder à questão do porquê a Inglaterra acabou entrando nela, quanto é fácil perguntar a um homem como ele caiu em um bueiro ou por qual motivo não conseguiu comparecer a um compromisso. Os fatos não são a verdade toda. Mas fatos são sempre fatos e, neste caso, eles são poucos e simples. A Prússia[3], a França e a Inglaterra haviam prometido não invadir a Bélgica. A Prússia propôs a invasão da Bélgica, porque era a forma mais segura de invadir a França. Mas a Prússia também prometeu que, se conseguisse realizar a invasão, por meio da quebra da sua própria promessa e da nossa, ela ocuparia, mas não roubaria. Em outras palavras, no mesmo instante, ofereceram-nos uma promessa de lealdade para o futuro e uma proposta de perjúrio para

---

[2] Lembremos que Chesterton está falando do ano de 1914, data da publicação da edição inglesa deste ensaio, assim sendo a "conflagração europeia" por ele dita trata-se da Primeira Guerra Mundial. (N. E.)

[3] O império Prússia foi dissolvido em 1918, após aquilo que ficou conhecido como "Revolução Alemã"; a República de Weimar a sucedeu até 1932, dando lugar à Alemanha Nazista em 1933. Todavia, a Prússia enquanto Estado só foi legalmente extinta em 1940, tendo a maior parte do seu território sob o atual domínio Alemão, mas em seu lado oriental boa parte está sob o que hoje é a Polônia e a Lituânia. Chesterton, dessa forma, escreve sobre Prússia em um contexto anterior à sua dissolução como reinado e Estado. (N. E.)

A bárbarie de Berlim

o presente. Aqueles que se interessam pelas origens humanas podem se valer de um antigo escritor inglês da era vitoriana, o qual, no último e mais contido dos seus ensaios históricos, escreveu sobre Frederico, o Grande (1712-1786), o fundador dessa inalterável política prussiana. Depois de relatar como Frederico rompeu o tratado que havia assinado em nome de Maria Teresa (1717-1780), ele passa a descrever como Frederico procurou reparar a situação com uma promessa que era um insulto. "Se ela apenas o deixasse ficar com a Silésia, ele — disse — ficaria ao lado dela contra qualquer poder que tentasse privá-la de seus outros domínios, como se ele já não estivesse obrigado a apoiá-la, ou como se sua nova promessa pudesse ser de mais valor do que a antiga". Essa passagem foi escrita por Macaulay (1800-1859)[4], mas no que diz respeito aos fatos correntes, poderia ter sido escrita por mim.

No que tange à origem lógica e jurídica imediata do interesse inglês, não é possível haver debate racional. Há coisas tão simples que quase podemos prová-las com planos e diagramas, como a geometria de Euclides (c. 323-283 a. C.). Poderíamos fazer uma espécie de calendário cômico relatando o que teria acontecido com o diplomata inglês cada vez que a diplomacia prussiana o tivesse silenciado. Suponha

---

[4] Thomas Babington Macaulay, 1º Baron Macaulay, que entre muitas obras, a mais famosa trata-se de *The History of England from the Accession of James II*, em cinco volumes. (N. E.)

G. K. Chesterton

que nós o organizemos como se fosse uma espécie
de diário:

24 de julho[5]: A Alemanha[6] invade a Bélgica.
25 de julho: A Inglaterra declara guerra.
26 de julho: A Alemanha promete não anexar
a Bélgica.
27 de julho: A Inglaterra retira-se da guerra.
28 de julho: A Alemanha anexa a Bélgica, a
Inglaterra declara guerra.
29 de julho: A Alemanha promete não anexar
a França, a Inglaterra retira-se da guerra.
30 de julho: A Alemanha anexa a França, a
Inglaterra declara guerra.
31 de julho: A Alemanha promete não anexar
a Inglaterra.
1º de agosto: A Inglaterra se retira da guerra.
A Alemanha invade a Inglaterra.

Quanto tempo alguém pode esperar que se dê
continuidade a um jogo como esse, ou que se man-
tenha a paz a um tão ilimitado preço? Até quando
devemos seguir num caminho em que as promessas
são todas objetos de desejo quando estão diante de

---

[5] De 1914. (N. E.)
[6] Cabe lembrar que o Império Alemão foi fundado após a reunião
dos Estado alemães que compunham a Prússia, em 1871. Por isso
que, por vezes, "Alemanha" e "Prússia" surgem como sinônimos
quando citados em contextos específicos como o abordado nesse
livro. (N. E.)

A bárbarie de Berlim

nós; e todas destroços quando estão atrás? Não. Com base nos frios fatos das negociações finais, relatados por qualquer um dos diplomatas em qualquer um dos documentos, não há dúvidas sobre a história. E não há dúvida sobre o vilão da história.

Esses são os últimos fatos; aqueles que envolveram a Inglaterra. É igualmente fácil determinar os primeiros fatos; aqueles que envolveram a Europa. O príncipe que praticamente dominava a Áustria foi executado por pessoas que o governo austríaco acreditava serem conspiradores sérvios[7]. O governo austríaco acumulou armas e homens, mas não disse uma palavra nem à Sérvia, de quem suspeitava, nem à Itália, sua aliada. De acordo com os documentos, parece que a Áustria manteve todos na ignorância, exceto a Prússia. Provavelmente mais próximo da verdade seria dizer que a Prússia manteve todos na ignorância, incluindo a Áustria. Mas tudo isso é o que chamamos de opinião, crença, convicção ou bom senso: e não é disso que estamos tratando aqui. O fato objetivo é que a Áustria comunicou à Sérvia que seus oficiais deveriam se colocar sob a autoridade dos oficiais austríacos; e que a Sérvia tinha quarenta e oito horas para cumpri-lo. Em outras palavras, o rei da Sérvia foi praticamente instruído a não só abrir mão dos louros de duas grandes campanhas, mas

---

[7] Trata-se do assassinato do arquiduque Francisco Ferdinando da Áustria (1863-1914) em 28 de junho de 1914 em Sarajevo, Bósnia, evento que muitos afirmam ser o estopim para o início da Primeira Guerra Mundial (N. E.)

também da sua própria autoridade legal e nacional, e a fazê-lo num tempo mais curto que um cidadão respeitável usaria para pagar uma conta em um hotel. A Sérvia pediu um tempo para o arbitramento — em suma, para a paz. Mas a Rússia já tinha começado a sua mobilização; e a Prússia, suspeitando que a Sérvia poderia com isso receber auxílio, declarou guerra.

Entre estes dois eventos, o ultimato à Sérvia e o ultimato à Bélgica, qualquer um pode, naturalmente, se quiser, falar como se tudo fosse relativo. Se alguém perguntar por que razão o czar deveria se apressar em apoiar a Sérvia, é fácil perguntar por que razão o kaiser deveria se apressar em apoiar a Áustria. Se alguém disser que os franceses iriam atacar os alemães, é suficiente responder que os alemães atacaram os franceses. Restam, no entanto, dois posicionamentos a considerar, até mesmo, quem sabe, dois argumentos a refutar, os quais podem ser melhor considerados e refutados sob esse título geral de fatos. Em primeiro lugar, há um tipo de argumento curioso e nebuloso, muito empregado pelos retóricos profissionais da Prússia, os quais são enviados para instruir e corrigir as mentes dos americanos ou escandinavos. Ele consiste em entrar em convulsões de incredulidade e desprezo à menção da responsabilidade da Rússia pela Sérvia, ou da responsabilidade da Inglaterra pela Bélgica; e sugerir que, com ou sem tratado, com ou sem fronteira, a Rússia estaria disposta a matar os teutões, ou a Inglaterra a roubar colônias. Nesse aspecto, como em outros, eu penso que falta aos pro-

A bárbarie de Berlim

fessores que fervilham por toda a planície báltica lucidez e discernimento. É evidente que a Inglaterra tem interesses materiais a defender e que provavelmente irá aproveitar a oportunidade para defendê-los; ou, em outras palavras, é evidente que a Inglaterra, como todos os demais, estaria mais confortável se a Prússia fosse menos predominante.

A verdade é que não fizemos o que os alemães fizeram. Não invadimos a Holanda para obter vantagem naval e comercial; e quer eles digam que queríamos fazê-lo por ganância ou que temíamos fazê-lo por covardia, o fato permanece: não o fizemos. A menos que esse princípio de bom senso seja mantido em vista, não consigo conceber como qualquer conflito poderá ser julgado. Um contrato pode ser celebrado entre duas pessoas apenas para obtenção de vantagem material para ambos os lados, mas geralmente supõe-se que a vantagem moral recai sobre a pessoa que cumpre o contrato. Certamente não pode ser desonesto ser honesto — mesmo que a honestidade seja a melhor política. Imaginemos o mais complexo labirinto de motivos indiretos; e, ainda assim, o homem que cumpre sua palavra por motivos financeiros não pode ser pior do que o homem que quebra a sua palavra por motivos financeiros. Note-se que este teste final aplica-se da mesma forma à Sérvia e à Bélgica e à Grã-Bretanha. Os sérvios podem não ser um povo muito pacífico, mas, na situação em discussão, eram certamente eles que queriam a paz. Você pode pensar no sérvio como uma espécie de ladrão nato: mas, nes-

G. K. Chesterton

ta situação, era certamente o austríaco quem estava tentando roubar. Da mesma forma, você pode chamar a Inglaterra de traiçoeira como uma espécie de resumo histórico; e declarar sua crença particular de que o sr. Asquith (1852-1928)[8] jurou, desde a infância, destruir o Império Germânico; um Aníbal (247 a. C.-c. 183-181 a. C.) e alguém que odeia águias[9]. Mas, no final das contas, não faz sentido chamar um homem de traiçoeiro porque ele cumpre sua promessa. É absurdo queixar-se da súbita traição de um homem de negócios ao comparecer pontualmente ao seu compromisso; ou do injusto susto que um credor recebe ao ver um devedor vindo pagar as suas dívidas.

Por último, há uma atitude, não desconhecida em crises, contra a qual eu gostaria particularmente de protestar. Devo dirigir o meu protesto especialmente aos amantes, àqueles que perseguem a paz, os quais, de modo distorcido, por fim acabaram por adotá-la. Refiro-me à atitude impaciente em relação a esses detalhes preliminares sobre quem fez isto ou aquilo, e se foi certo ou errado. Eles se contentam em dizer que uma enorme calamidade, chamada guerra foi provocada por alguns ou por todos nós, e que ela deveria ser encerrada por alguns ou por todos nós. Para essas pessoas, este capítulo preliminar sobre os acontecimentos precisos deverá parecer não apenas

---

[8] Hebert Henry Asquith foi primeiro-ministro do Reino Unido de 1908 a 1916. (N. T.)

[9] O brasão da Prússia continha uma águia. (N. E.)

A bárbarie de Berlim

árido (e deve ser necessariamente a parte mais árida da tarefa), mas, acima de tudo, desnecessário e estéril. Eu quero dizer a essas pessoas que elas estão erradas; que elas estão erradas a respeito de todos os princípios da justiça humana e da continuidade histórica; mas que estão especial e supremamente erradas quanto aos seus próprios princípios de arbitragem e paz internacional.

Esses sinceros e nobres amantes da paz estão sempre nos dizendo que os cidadãos já não resolvem as suas disputas por meio da violência privada e que as nações não deveriam mais resolver os seus problemas mediante a violência pública. Eles estão sempre nos dizendo que não lutamos mais duelos e que não precisamos mais travar guerras. Em suma, eles baseiam perpetuamente as suas propostas de paz no fato de um cidadão comum já não se vingar com um machado. Mas como ele é impedido de se vingar com um machado? Se ele golpear a cabeça do vizinho com o cutelo de cozinha, o que faremos? Será que todos daremos as mãos, como crianças brincando de ciranda cirandinha, e diremos:

> Somos todos responsáveis por isso; mas esperemos que isso não se espalhe. Esperemos pelo dia feliz em que não cortaremos a cabeça das pessoas; e quando ninguém cortará mais nada para todo o sempre.

Dizemos:

Vamos deixar o passado no passado. Por que voltar a todos os detalhes enfadonhos que deram início a tudo o que aconteceu; quem pode dizer com que intenções funestas o homem estava ali, ao alcance do cutelo?.

Nós não podemos. Nós mantemos a paz na vida privada fazendo perguntas sobre os fatos da provocação e sobre o objeto adequado da punição. Entramos nos detalhes fastidiosos; investigamos as origens; perguntamos enfaticamente quem desferiu o primeiro golpe. Em suma, fazemos o que fiz brevemente nesta parte do texto.

Diante disso, é, com efeito, verdade que, por trás desses fatos, existem verdades; verdades de um tipo terrível, as do tipo espiritual. Como simples fato, o poder germânico agiu incorretamente para com a Sérvia, para com a Rússia, para com a Bélgica, para com a Inglaterra, para com a Itália. Mas havia uma razão para ele estar agindo incorretamente em todos os lugares; e é sobre essa razão fundamental, que moveu metade do mundo contra ele, que eu falarei mais tarde, no que se segue. Afinal, trata-se de algo onipresente demais para necessitar ser provado, indiscutível demais para depender de detalhes. Trata-se nada menos do que localizar, depois de mais de cem anos de recriminações e explicações erradas, o mal europeu moderno; do que descobrir a fonte de onde veio o veneno que se derramou sobre todas as nações da terra.

Capítulo I

A guerra sobre a palavra

É difícil negar que existe uma dúvida persistente em várias pessoas que reconhecem um ato inevitável de autodefesa no golpe instantâneo da espada inglesa, e que não têm lá grandes amores pelo feroz sabre de Sadowa e Sedan. Essa dúvida é a de saber se a Rússia, em comparação com a Prússia, é democrática e digna o suficiente para ser aliada de potências liberais e civilizadas. Vou começar, portanto, por esse aspecto da civilização.

Numa discussão dessa natureza, é fundamental que nos certifiquemos de que estamos nos baseando não nas meras palavras, mas naquilo que elas significam. Não é necessário, em nenhum argumento, ter que decidir o que uma palavra significa ou deveria significar. Mas é necessário, para cada argumento, definir o que pretendemos significar com a palavra. Contanto que o nosso oponente compreenda qual é a *coisa* de que estamos falando, não importa para fins do argumento se a palavra é ou não aquela que ele teria escolhido. Um soldado não diz: "Recebemos ordens de ir para Mechlin; mas prefiro ir para Malines". Ele pode discutir o aspecto etimológico ou arqueológico da diferença na marcha: mas a verdade é que ele sabe para onde ir. Contanto que saibamos o que uma determinada palavra deve significar numa determinada discussão, não importa sequer se ela significa outra coisa numa outra discussão bastante distinta. Temos todo o direito de dizer que a largura de uma janela pode ter sua medida estimada em quatro pés[10], mesmo que logo depois, e de um modo chistoso, mudemos de assunto para os mamíferos maiores e digamos que um elefante tem quatro pés. A identidade das palavras não importa, porque não há nenhuma dúvida a respeito dos seus significados; afinal, quem é que iria pensar em um elefante que medisse quatro pés ou em uma janela com uma tromba que se enrola?

É essencial que se tenha plena clareza da *coisa* aqui em discussão, a qual está relacionada a duas ou três palavras que são, por assim dizer, as palavras-

---

[10] Medida linear inglesa usada nos meios marítimos e aeronáuticos, correspondente a 12 polegadas ou a aproximadamente 30,5 centímetros. Ver: https://www2.anac.gov.br/. (N. T.)

A bárbarie de Berlim

-chave desta guerra. Uma delas é a palavra "bárbaro". Os prussianos aplicam-na aos russos: os russos aplicam-na aos prussianos. Ambos, penso eu, querem fazer referência a algo que com efeito existe, independentemente do nome. Ambos fazem referência a coisas diferentes. E, se perguntarmos o que são essas coisas diferentes, compreenderemos por que a Inglaterra e a França preferem a Rússia; e por que consideram a Prússia o bárbaro realmente perigoso dos dois. Para começar, trata-se de algo muito mais profundo do que as atrocidades das quais, pelo menos no passado, todos os três impérios da Europa Central participaram de forma bastante igual, exatamente como o fizeram na Polônia. Um escritor inglês, que procurava evitar a guerra por meio de advertências contra a influência russa, disse que as costas açoitadas das mulheres polonesas se interpunham entre nós e a Aliança. Mas não muito antes disso, um general austríaco foi atacado e espancado nas ruas de Londres pelos carroceiros da Barclay e Perkins[11] devido ao fato de as mulheres terem sido açoitadas. E quanto à terceira potência, os prussianos, parece claro que o tratamento que eles dispensaram às mulheres belgas foi tal que, em comparação, o caso do açoitamento não passou de simples formalidade oficial. Mas, como eu já disse, há algo muito mais profundo do que qualquer tipo de recriminação por trás do uso

[11] Barclay, Perkins & Co. foi uma das maiores cervejarias de Londres por mais de 150 anos. Ver: https://beerandbrewing.com. (N. T.)

que cada um dos lados faz da palavra. Quando o imperador alemão se queixa da nossa aliança com uma potência bárbara e semioriental, ele não está — e eu garanto — derramando lágrimas sobre o túmulo de Kosciusko (1746-1817)[12]. E quando eu digo — e o digo categoricamente — que o imperador alemão[13] é um bárbaro, não estou apenas expressando quaisquer preconceitos que eu possa ter contra a profanação de igrejas ou de crianças. Meus concidadãos e eu queremos deixar algo certo e bem compreensível quando usamos o termo "bárbaros" para nos referirmos aos prussianos. Trata-se de algo bem diferente daquilo que é atribuído aos russos; e, de fato, não poderia ser atribuído aos russos. É muito importante que o mundo neutro entenda que algo é esse.

Se um alemão chama o russo de bárbaro, ele supostamente quer dizer imperfeitamente civilizado. Há um caminho específico que as nações ocidentais percorreram nos últimos tempos, e é razoável admitir que a Rússia não tenha ido tão longe como as outras; que ela esteja atrasada quanto aos nossos métodos modernos em áreas como ciência, comércio, tecnologia, transporte e política. O russo cultiva a terra com um arado velho; usa uma barba desgrenhada; adora relíquias; sua vida é tão rude e dura quanto a de um

---

[12] Tadeu Kosciusko foi um herói nacional da Polônia, general e líder da revolta contra o Império Russo em 1794. Ver: https://pt.wikipedia.org/wiki/Tadeusz_Kościuszko. (N. T.)
[13] Ele se refere a Guilherme II, o último imperador da Alemanha e rei da Prússia. (N. E.)

súdito de Alfredo, o Grande (848-899). Portanto, esse é, no sentido alemão, um bárbaro. Pobres coitados como Gorki (1868-1936) e Dostoiévski (1821-1881) têm que formar suas próprias reflexões sobre o cenário todo sem a ajuda das extensas citações de Schiller (1759-1805) sobre bancos de jardim ou sobre inscrições que os orientem a fazerem uma pausa e a agradecerem ao Todo-Poderoso pela melhor vista de Hesse-Pumpernickel. Os russos, sem nada a não ser sua fé, seus campos, sua grande coragem e as suas comunas autônomas, estão bastante afastados daquilo que é chamado (nas elegantes ruas de Frankfurt) de O Verdadeiro, O Belo e O Bem. Há um sentido real à luz do qual se pode chamar todo esse atraso de bárbaro, em comparação com a Kaiserstrasse[14]; nesse sentido, portanto, a Rússia é bárbara.

Ora, não é isso o que nós, franceses e ingleses, queremos dizer quando chamamos os prussianos de bárbaros. Mesmo que as suas cidades alçassem voos mais altos do que as suas naves aéreas, mesmo que os seus comboios viajassem mais rápido do que as suas balas, ainda assim nós iríamos chamá-los de bárbaros. Devemos saber exatamente o que queremos dizer com isso; e devemos saber que isso que dissemos é verdade. Pois não estamos fazendo referência a uma

---

[14] Kaiserstrasse é uma das ruas mais famosas do centro da cidade de Frankfurt. Antes de ser parcialmente destruída pelas bombas na II Guerra Mundial, era um exemplo típico de uma grande avenida urbana de estilo Guilhermino. Ver: https://de.wikipedia.org/wiki/Kaiserstra%C3%9Fe_(Frankfurt_am_Main). (N. T.)

civilização imperfeita por acidente, mas nos referimos a algo que é avesso à civilização de propósito. Estamos falando de algo que está deliberadamente em guerra com os princípios que viabilizaram a sociedade humana até aqui. É claro que, até para destruir a civilização, é preciso ser parcialmente civilizado. Uma tal ruína não poderia ser provocada por selvagens pouco mais que subdesenvolvidos ou ociosos. Não poderíamos sequer ter os hunos sem cavalos; ou cavalos sem a equitação. Não poderíamos sequer ter os piratas dinamarqueses sem navios, ou os navios sem a navegação. Essa pessoa, a quem posso chamar de Bárbaro Positivo, deve ser um pouco mais superficialmente atualizada do que aquela que posso chamar de Bárbaro Negativo. Alarico (c. 370-410) era um oficial nas legiões romanas, mas isso não o deteve, e ele destruiu Roma. Ninguém supõe que os esquimós pudessem tê-lo feito com a mesma perfeição. Mas, no sentido que estamos empregando, a barbárie não é uma questão de método, mas de meta. Dizemos que esses vândalos disfarçados têm o objetivo perfeitamente definido de destruir certas ideias que, segundo lhes parece, já não servem mais para o mundo; sem as quais, como nos parece, o mundo acabará morrendo.

É essencial que essa perigosa especificidade do prussiano, ou Bárbaro Positivo, seja bem compreendida. Ele tem o que considera ser uma ideia nova; e ele vai procurar aplicá-la a todos. Na verdade, trata-se simplesmente de uma falsa generalização; mas ele está realmente tentando torná-la geral. Isso, contudo,

A bárbarie de Berlim

não se aplica ao Bárbaro Negativo: não se aplica ao russo ou ao sérvio, mesmo que eles sejam bárbaros. Se um camponês russo bate na sua mulher, é porque os seus pais o fizeram antes dele: é provável que bata menos, em vez de mais, à medida que o passado vai se desvanecendo. O que ele não pensa, como pensaria um prussiano, é que fez uma nova descoberta em fisiologia ao perceber que uma mulher é mais fraca que um homem. Se um sérvio esfaqueia seu rival sem dizer uma palavra, ele o faz porque outros sérvios o fizeram antes dele. Ele pode até mesmo considerar isso um gesto de piedade, mas certamente não um progresso. O que ele não pensa, como o prussiano, é que está fundando uma nova escola em cronometria ao começar a medir o tempo antes que seja dado o sinal de partida. Ele não pensa que está à frente do mundo no militarismo apenas porque está atrás dele em princípios. Não; o perigo do prussiano é que ele está preparado para lutar por velhos erros como se fossem novas verdades. Por alguma razão, ele ouviu falar de certas simplificações superficiais, e imagina que nós nunca ouvimos falar delas. E, como eu já disse, a sua limitada, mas muito sincera, insanidade concentra-se principalmente num desejo de destruir duas ideias, as duas raízes gêmeas da sociedade racional. A primeira é a ideia de registro e promessa; a segunda é a ideia de reciprocidade.

É claro que a promessa, ou a extensão da responsabilidade ao longo do tempo, é o que principalmente nos diferencia, eu não diria dos selvagens, mas das bestas e dos répteis. Isto foi identificado pela perspicácia do Antigo Testamento, ao resumir a sombria e irresponsável monstruosidade do Leviatã nas palavras: "Fará ele um pacto contigo?"[15]. A promessa, como a roda, é algo desconhecido pela natureza: e é a primeira marca do homem. Referindo-nos apenas à civilização humana, pode-se dizer com firmeza que no princípio era o Verbo[16]. O juramento é para o homem o que o canto é para o pássaro, ou o latido para o cachorro; sua voz, pela qual ele é conhecido. Assim como um homem que não consegue ser pontual não está apto sequer para um duelo, o homem que não consegue cumprir as promessas que fez a si mesmo não é são o suficiente sequer para suicidar-se. Não é fácil mencionar algo a respeito do qual se possa dizer que o enorme aparato da vida humana depende. Mas, se de alguma coisa ele depende, é desse frágil fio, lançado das colinas esquecidas de ontem e que se estende para as montanhas invisíveis de amanhã. Nesse fio solitário está tudo, desde o Armagedom até um almanaque, desde uma revolução bem-sucedida até um bilhete de retorno. E é sobre esse fio solitário que o Bárbaro pesadamente desfere seus golpes usando um sabre, o qual, por sorte, já está cego.

Qualquer um pode ver isso muito bem, basta apenas ler as últimas negociações entre Londres e Berlim. Os prussianos fizeram uma nova descoberta em

---

[15] Referência ao Livro de Jó 41, 4. (N. T.)
[16] Referência ao Evangelho segundo S. João 1, 1. (N. T.)

A bárbarie de Berlim

política internacional: a de que, muitas vezes, pode ser conveniente fazer uma promessa; e, que, curiosamente, ainda assim, pode ser inconveniente mantê-la. Eles ficaram encantados, à sua maneira simples, com essa descoberta científica e desejaram comunicá-la ao mundo. Fizeram, portanto, uma promessa à Inglaterra, com a condição de que ela quebrasse uma promessa e com a condição implícita de que a nova promessa pudesse ser quebrada tão facilmente quanto a antiga. Para o profundo espanto da Prússia, essa razoável oferta foi recusada! Acredito que o espanto da Prússia foi bastante sincero. Isso é o que que quero dizer quando digo que o Bárbaro está tentando cortar aquele fio de honestidade, além dos claros registros, no qual pende tudo o que os homens têm feito.

Os amigos da causa alemã queixaram-se de que asiáticos e africanos, que vivem à beira da selvageria, foram trazidos contra eles da Índia e de Argel. E, em circunstâncias normais, eu me solidarizaria com essa queixa feita por um povo europeu. Mas essas não são circunstâncias normais. Aqui, novamente, a silenciosa e inigualável barbárie da Prússia desce muito mais abaixo do que aquilo que chamamos de barbaridades. Quando o assunto é barbaridade, sem dúvida o turco e o sikh estão muito à frente do superior teutão. A razão geral e justa para não se usar tribos não europeias contra os europeus é a apresentada por Chatham contra o uso dos índios pele--vermelhas: acontece que tais aliados *poderiam* fazer coisas muito diabólicas. Mas o pobre turco, depois de passar um fim de semana na Bélgica, poderia perfeitamente perguntar, e com razão, que coisas mais diabólicas ele poderia fazer que os próprios alemães altamente cultos já não estivessem fazendo. No entanto, como eu já disse, a justificativa para qualquer ajuda extraeuropeia é mais profunda do que quaisquer detalhes que se possa oferecer a esse respeito. Ela se baseia no fato de que mesmo outras civilizações, mesmo civilizações muito inferiores, mesmo civilizações remotas e repulsivas, dependem tanto como a nossa desse princípio primordial, em relação ao qual a supermoralidade de Potsdam declara guerra aberta. Até os selvagens prometem coisas e respeitam aqueles que cumprem suas promessas. Até os orientais fazem registros por escrito. E embora os escrevam da direita para a esquerda, sabem a importância de um pedaço de papel. Muitos comerciantes lhe dirão que a palavra do sinistro e quase desumano chinês é, muitas vezes, tão boa quanto suas garantias. E foi em meio às palmeiras e tendas sírias que o grande pronunciamento abriu o tabernáculo ao que presta juramento contra si mesmo e o leva a cabo. Há, sem dúvida, um denso labirinto de duplicidade no Oriente, e talvez mais dolo no asiático do que no alemão, individualmente falando. Mas não estamos aqui falando a respeito das violações da moralidade humana nas várias partes do mundo. Estamos sim falando de uma moralidade nova e desumana, que nega

A bárbarie de Berlim

totalmente o dia da obrigação[17]. Os prussianos foram informados pelos seus literatos que tudo depende do estado de ânimo; e pelos seus políticos que todos os acordos se dissolvem diante da "necessidade". Essa é a importância do que foi dito pelo chanceler alemão. Ele não alegou nenhuma desculpa especial no caso da Bélgica que pudesse fazer desse caso uma exceção que confirmava a regra. Ele claramente argumentou, como se sobre um princípio aplicável a outros casos, que a vitória era uma necessidade e a honra era um pedaço de papel. E é evidente que a imaginação semiescolarizada de um prussiano realmente não pode ir muito além disso. Ela não consegue ver que, se as ações dos seres humanos fossem todas inteiramente imprevisíveis de momento a momento, não seria apenas o fim de todas as promessas, mas também de todos os projetos. Ao não ser capaz de perceber isso, o filósofo berlinense realmente encontra-se em nível mental inferior ao do árabe que respeita o sal,

---

[17] No original, "the day of obligation"; no Brasil, "dia santo de guarda". O primeiro mandamento da Igreja Católica, "participar da missa inteira nos domingos e outras festas de guarda e abster-se de ocupações de trabalho" (cf. *Código de Direito Canônico*, cân. 1246-1248, §2042). Por sua vez, esse mandamento é fundado no terceiro mandamento da Lei de Deus, conforme expresso no Livro do Êxodo (20, 8-10; cf. *Bíblia de Jerusalém*): "Lembra-te do dia do sábado para santificá-lo. Trabalharás durante seis dias, e farás toda a tua obra. O sétimo dia, porém, é o sábado de Iahweh teu Deus. Não farás nenhum trabalho, nem tu, nem teu filho, nem tua filha, nem teu escravo, nem tua escrava, nem teu animal, nem o estrangeiro que está em tuas portas". (N. E.)

ou do brâmane que preserva a casta. E nessa disputa temos o direito de entrar tanto com cimitarras como com sabres, com arcos e também com rifles, com azagaias, *tomahawks*[18] e bumerangues — porque há, em tudo isso, pelo menos, uma semente de civilização que esses anarquistas intelectuais gostariam de matar. E, caso eles nos encontrem em nossa última resistência, cingidos com espadas tão estranhas e seguindo bandeiras desconhecidas, e nos perguntem pelo que lutamos em companhia tão singular, saberemos o que responder:

> Combatemos pela confiança e pelo encontro amoroso secreto. Pela memória que permanece e pela possível reunião de homens; por todas aquelas coisas que fazem da vida tudo menos um pesadelo fora de controle. Combatemos pelo longo braço da honra e da lembrança; por tudo o que pode elevar um homem acima das areias movediças de seus humores, e dar-lhe o domínio sobre o tempo.

---

[18] Machadinhas de combate usadas pelos índios norte-americanos. Ver: https://www.vocabulary.com/dictionary/tomahawk. (N. T.)

Capítulo II

A recusa da reciprocidade

No capítulo anterior, sugeri que a barbárie, tal como a entendemos, não significa mera ignorância ou mesmo mera crueldade. Ela tem um sentido mais preciso e significa hostilidade militante a certas ideias necessárias ao ser humano. Tomei o caso do juramento ou do contrato, que o intelectualismo prussiano gostaria de destruir. Insisti que o prussiano é um bárbaro espiritual, porque ele não está ligado ao seu próprio passado mais do que alguém está às coisas com as quais sonha enquanto dorme. Ele confessa que, quando prometeu respeitar uma fronteira na segunda-feira, não previu o que chama de "necessidade" de não respeitá-la na terça-feira. Em suma, ele é como uma criança que, ao final de todas as explicações razoáveis e lembretes dos arranjos assumidos, não tem resposta, exceto "Mas *eu quero*".

Há outra ideia que permeia os arranjos humanos que, de tão fundamental, pode ser esquecida; mas agora, pela primeira vez, ela é negada. Ela pode ser chamada de ideia de reciprocidade; ou, em um inglês melhor, a ideia do dar e receber. O prussiano parece ser intelectualmente bastante incapaz de entender esse pensamento. Ele não consegue, penso eu, conceber a ideia que é o fundamento de toda comédia; que, aos olhos do outro homem, ele é apenas o outro homem. E, se rastrearmos essa pista pelas instituições da Alemanha prussianizada, descobriremos o quão curiosamente limitada a sua forma de pensar tem sido a esse respeito. O alemão difere de outros patriotas pela incapacidade de compreender o patriotismo. Outros povos europeus compadecem-se dos poloneses ou dos galeses pelas suas fronteiras violadas; mas os alemães só se compadecem de si próprios. Mesmo se tomassem à força o Severn ou o Danúbio, o Tâmisa ou o Tibre, o Garry ou o Garonne — eles ainda estariam cantando tristemente sobre quão firme e legítima é a vigilância sobre o Reno; e quão lamentável seria se alguém tirasse deles o seu pequeno rio. É isso que quero dizer com não ser recíproco; e encontraremos isso em tudo o que eles fazem, como em tudo o que é feito por selvagens.

Aqui, novamente, é de extrema necessidade evitar confundir a alma do selvagem com a selvageria pura e simples no sentido de brutalidade ou carnificina, à

A bárbarie de Berlim

qual os gregos, os franceses e todas as nações mais civilizadas se renderam nas horas de um pânico anormal ou de vingança. Acusações de crueldade são, em geral, mútuas. Mas a questão com o prussiano é que com ele nada é mútuo. O que caracteriza a definição de um verdadeiro selvagem não é o quão a mais do que outras tribos de homens ele maltrata estrangeiros ou cativos. A definição do verdadeiro selvagem é que ele ri quando fere; e geme quando é ferido. Essa extraordinária disparidade de espírito está em cada ato e palavra que vem de Berlim. Por exemplo, não há homem no mundo que acredite em tudo o que vê nos jornais, e não há jornalista que acredite em um quarto disso. Deveríamos, portanto, estar dispostos a usar o bom senso ao avaliar as histórias das atrocidades alemãs, duvidar de algumas e negar outras. Mas há uma coisa da qual não podemos duvidar nem negar: o selo e a autoridade do imperador. Na proclamação imperial há uma admissão de que certas coisas "terríveis" foram feitas, e há também justificativas para o nível de terror aplicado. Era uma necessidade militar aterrorizar populações pacíficas com algo que não era civilizado, algo que dificilmente era humano. Muito bem. Essa é uma política inteligível e, nesse sentido, um argumento passível de ser compreendido. Um exército ameaçado por estrangeiros pode cometer as mais terríveis atrocidades. Mas, depois, indo para a página seguinte do diário público do kaiser, nós o vemos escrevendo ao presidente dos Estados Unidos a fim de reclamar que os ingleses estão usando munições dum-dum[19] e violando vários regulamentos da Convenção de Haia. Por ora, não vou tratar da questão de saber se há uma palavra de verdade nessas acusações. Contento-me em olhar com entusiasmo para os olhos piscantes do verdadeiro bárbaro, a saber, do Bárbaro Positivo. Suponho que ele ficaria muito perplexo se fôssemos nós quem tivesse dito que violar a Convenção de Haia era para nós "uma necessidade militar"; ou que as regras da convenção eram apenas um pedaço de papel. Ele ficaria muito magoado se fôssemos nós quem tivesse dito que as munições dum-dum, "pelo próprio pavor que infligem", seriam realmente úteis para manter os alemães conquistados em ordem. Independentemente de qualquer coisa, ele não pode fugir da ideia de que ele, porque é ele e não qualquer outro, é livre para infringir a lei e também para apelar para a lei. Dizem que os oficiais prussianos jogam um jogo chamado *kriegsspiel*, ou jogo de guerra. Mas, na verdade, eles não podem jogar nenhum jogo; pois a essência de todo jogo é que as regras sejam as mesmas em ambos os lados.

---

[19] Bala expansiva ("expanding bullet", em inglês) ou bala dum-dum (em linguagem coloquial) é o nome dado a munições concebidas para se expandirem durante o impacto. Isso faz com que o diâmetro da bala aumente, a fim de impedir a penetração excessiva e produzir um ferimento maior, incapacitando o alvo mais rapidamente. Por essa razão, elas são usadas para caça e pela maioria dos departamentos de polícia, mas geralmente são proibidas para uso na guerra. Ver: https://pt.wikipedia.org/wiki/Bala_expansiva. (N. T.)

A bárbarie de Berlim

Considerando cada instituição alemã sucessiva e individualmente, o caso é o mesmo; e não tem a ver com mero derramamento de sangue ou bravata militar. O duelo, por exemplo, pode legitimamente ser chamado de bárbaro; mas a palavra é usada aqui em outro sentido. Existem duelos na Alemanha; mas o mesmo acontece em França, Itália, Bélgica e Espanha; na verdade, há duelos onde quer que haja dentistas, jornais, banhos turcos, programações e todos os flagelos da civilização, exceto na Inglaterra e em algum canto da América. Pode acontecer que você considere o duelo como uma relíquia histórica dos Estados mais bárbaros sobre os quais esses Estados modernos foram construídos. Poder-se-ia igualmente afirmar que o duelo é, em qualquer parte, o sinal da alta civilização, sendo o sinal do seu sentido de honra mais delicado, da sua vaidade mais vulnerável ou do seu maior pavor do descrédito social. Mas, não importando o ponto de vista que se adote, devemos admitir que a essência do duelo é uma igualdade de armas. Não devo, portanto, aplicar a palavra bárbaro, tal como a uso aqui, aos duelos de oficiais alemães ou mesmo aos combates de sabre, tão convencionais entre os estudantes alemães. Não vejo por que um jovem prussiano não deveria ter cicatrizes por todo o rosto, dado que, afinal, ele gosta delas; e mais: muitas vezes elas são as únicas coisas que podem tornar interessante uma aparência que, de outra forma, seria meramente trivial. O duelo pode ser defendido; o duelo de fachada pode ser defendido.

O que não pode ser defendido é algo realmente peculiar à Prússia, sobre o qual ouvimos inúmeras histórias, algumas delas, sem dúvida, verdadeiras. Esse algo pode ser chamado de duelo unilateral. Refiro-me à ideia de que há algum tipo de dignidade em desembainhar a espada contra um homem que não tem uma à mão: um criado, ou um balconista, ou mesmo um jovem estudante. Um dos oficiais do kaiser, no caso de Saverne, foi encontrado diligentemente despedaçando um aleijado. Quero evitar trazer a questão emocional para casos assim. Não devemos nos perder em sentimentos ao contemplarmos a crueldade do ato; mas foquemos na estrita distinção psicológica que o caracteriza. Inúmeros outros, não apenas os soldados alemães, mataram indefesos, por pilhagem, luxúria ou maldade privada, como qualquer outro assassino. A questão é que, em nenhum outro lugar, exceto na Alemanha prussiana, existe uma associação entre uma teoria da honra e atos como esses; da mesma forma que também não se encontra quando o assunto é envenenamento ou roubo de carteiras. Nenhum cavalheiro francês, inglês, italiano ou americano pensaria que, de alguma forma, limpou o próprio caráter ao enfiar o sabre em algum quitandeiro engraçado que não tinha nada na mão além de um pepino. Ao que tudo indica, parece que a palavra que se traduz do alemão por "honra" significa, em alemão, algo muito diferente. Parece significar algo mais parecido com o que nós chamaríamos de "prestígio".

A bárbarie de Berlim

O fato fundamental, porém, é a ausência da ideia de reciprocidade. O prussiano não é suficientemente civilizado para o duelo. Mesmo quando ele cruza espadas conosco, seus pensamentos não são como os nossos; quando ambos glorificamos a guerra, estamos glorificando coisas diferentes. Nossas medalhas são fundidas como as dele, mas não significam a mesma coisa; nossos regimentos são aplaudidos como os dele, mas o pensamento que vai no coração não é o mesmo; a Cruz de Ferro está no peito do seu rei, mas não é o sinal do nosso Deus. Pois nós, infelizmente, seguimos nosso Deus com muitas recaídas e autocontradições, mas ele segue o seu de forma muito rigorosa. Por meio de todas as coisas que examinamos, na questão das fronteiras nacionais, na questão dos métodos militares, na visão da honra pessoal e da autodefesa, no que diz respeito ao prussiano existe algo de uma simplicidade atroz, algo simples demais para entendermos, a saber, a ideia de que a glória consiste em empunhar o aço, e não em enfrentá-lo.

Se fossem necessários mais exemplos, seria fácil oferecer centenas deles. Deixemos, por enquanto, a relação entre homem e homem na coisa chamada duelo. Tomemos, ao invés, a relação entre homem e mulher, naquele duelo imortal que chamamos de casamento. Aqui, novamente, descobriremos que outras civilizações cristãs visam a algum tipo de igualdade, mesmo que o equilíbrio seja irracional ou perigoso. Nesse sentido, os dois extremos do tratamento dispensado às mulheres encontram-se representados nas chamadas classes respeitáveis na América e na França. Na América, eles escolhem o risco da camaradagem; na França, a compensação da cortesia. Na América, é praticamente possível para qualquer jovem cavalheiro levar qualquer jovem para o que ele chama (lamento profundamente dizê-lo) dar umas voltas; mas pelo menos o homem passeia tanto com a mulher quanto a mulher passeia com o homem. Na França, a jovem é protegida como uma freira enquanto não é casada; quando é mãe, ela realmente passa a uma mulher santa; e, quando é avó, ela se torna um terror sagrado. Em ambos os extremos, a mulher recebe para si algo da vida. Só existe um lugar onde ela recebe pouco ou nada em troca; e esse lugar é o norte da Alemanha. A França e a América visam igualmente à igualdade — a América por semelhança; a França por contraste. Mas o norte da Alemanha visa intencionalmente à desigualdade. A mulher fica em pé, não mais irritada do que um criado; o homem fica sentado, sem menos constrangimento do que um convidado. Essa é a fria afirmação da inferioridade, como no caso do sabre e do comerciante. "Você lida com mulheres, não se esqueça do seu chicote", disse Nietzsche. Observar-se-á que ele não diz "atiçador de brasas"; o que pode vir mais naturalmente à mente de um espancador de esposas mais comum e mais cristão. Afinal, o atiçador de brasas faz parte da vida doméstica e pode ser usado tanto pela esposa quanto pelo marido. O que, na verdade, é o que ocorre, mui-

A bárbarie de Berlim

tas vezes. A espada e o chicote, por outro lado, são armas de uma casta privilegiada.

Passemos da mais próxima de todas as diferenças, aquela entre marido e mulher, para a mais distante de todas as diferenças, aquela das raças mais afastadas e não relacionadas que raramente viram o rosto uma da outra e jamais foram tingidas uma com o sangue da outra. Aqui ainda encontramos o mesmo princípio prussiano invariável. Qualquer europeu pode sentir um medo genuíno do perigo amarelo; e muitos ingleses, franceses e russos sentiram-no e expressaram-no. Muitos podem dizer, e têm dito, que o pagão chinês é realmente muito pagão; que, se algum dia, ele avançar contra nós, irá pisotear, torturar e destruir tudo, de uma forma que é característica dos orientais, mas que os ocidentais desconhecem. Eu também não duvido da sinceridade do imperador alemão quando ele procurou apontar-nos quão anormal e que pesadelo abominável seria tal campanha, supondo que, algum dia, ela pudesse vir a acontecer. Mas agora vem a cômica ironia, que nunca abandona a tentativa do prussiano de ser filosófico. Pois o kaiser, depois de explicar às suas tropas a importância de evitar a barbárie oriental, ordenou-lhes imediatamente que se tornassem bárbaros orientais. Ele lhes disse, em muitas palavras, para serem hunos, e não deixarem atrás deles nada vivo ou em pé. Na verdade, o que ele fez foi oferecer abertamente uma nova unidade de exército de tártaros aborígines ao Extremo Oriente, dentro de um período suficiente para que um perplexo hanoveriano se transforme em tártaro. Qualquer pessoa que cultive o penoso hábito de pensar por si imediatamente perceberá aqui, mais uma vez, o princípio da não reciprocidade. Essa reflexão, levada às últimas consequências, significa simplesmente isto:

> Eu sou um alemão, e você é um chinês. Portanto, eu, sendo alemão, tenho o direito de ser um chinês. Mas você não tem o direito de ser um chinês, porque você é apenas um chinês.

Essa conclusão é provavelmente o ponto mais alto que a cultura alemã atingiu.

O princípio aqui colocado de lado, que pode ser chamado de mutualidade por aqueles que entendem mal ou não gostam da palavra igualdade, não oferece uma distinção tão clara assim entre os prussianos e os outros povos como ofereceu o primeiro princípio prussiano de um oportunismo infinito e destrutivo; ou, em outras palavras, o princípio de não ter princípios. Com base nesse segundo princípio, também não se pode assumir uma posição tão óbvia em relação às outras civilizações ou semicivilizações do mundo. Existe alguma ideia de juramento e compromisso nas tribos mais rudes, nos continentes mais sombrios. Mas, relativamente ao elemento mais delicado e imaginativo da reciprocidade, pode-se afirmar que um canibal em Bornéu o compreende quase tão pouco como um professor em Berlim. Uma seriedade limitada e unilateral é o defeito dos bárbaros em todo o

A bárbarie de Berlim

mundo. Daí pode ter vindo o significado, pelo que sei, do único olho do Ciclope: o Bárbaro não pode ver as coisas ao redor ou olhar para elas a partir de dois pontos de vista; e assim se torna uma fera cega e devoradora de homens. Certamente não pode haver melhor resumo do selvagem do que este, que, como vimos, o incapacita para o duelo. Ele é o homem que não pode amar — nem mesmo odiar — o próximo como a si mesmo.

Mas essa qualidade na Prússia tem um efeito que se refere à mesma investigação a respeito das civilizações inferiores. Ela soluciona, de uma vez por todas, pelo menos, a investigação referente à missão civilizadora da Alemanha. Evidentemente, os alemães são as últimas pessoas no mundo a quem essa tarefa deve ser confiada. Eles são tacanhos tanto moral quanto fisicamente. O que é o seu sofisma sobre a "necessidade" senão uma incapacidade de imaginar o amanhã de manhã? O que é a sua não reciprocidade senão uma incapacidade de imaginar, não um deus ou um demônio, mas apenas outro homem? Serão esses os que julgarão a humanidade? Os homens de duas tribos na África não só sabem que eles todos são homens, mas também podem compreender que eles são todos homens negros. Nesse aspecto, eles estão seriamente à frente do prussiano intelectual, que não consegue ver que nós somos todos homens brancos. O olho comum é incapaz de perceber no teutão nórdico qualquer coisa que o diferencie especialmente das classes mais incolores do resto da humanidade ariana. Ele é simplesmente um homem branco, com tendência para o cinza ou para cor de burro quando foge. No entanto, ele explicará, em documentos oficiais proto-colares, que a diferença entre ele e nós é uma diferença entre "a raça superior e a raça inferior". O colapso da filosofia alemã ocorre sempre no início, e não no final de um argumento; e a dificuldade aqui é que não há maneira de testar qual é a raça superior, exceto investigando qual é a sua própria raça. Se você não consegue descobrir (como geralmente acontece), você recorre à absurda ocupação de escrever a história dos tempos pré-históricos. Mas sugiro muito seriamente que, se os alemães podem transmitir a sua filosofia aos hotentotes, não há razão para que também não transmitam o seu sentimento de superioridade a esses mesmos hotentotes. Se eles conseguem ver sombras tão finas entre o gótico e o gaulês, não há razão para que sombras semelhantes não devam elevar o selvagem acima de outros selvagens. Porque nenhum ojibway deveria descobrir que é um tom mais vermelho que os dakotas; ou que qualquer negro de Camarões diga que não é tão preto como o pintam. Pois esse princípio, ainda sem nenhuma base de uma supremacia racial, é a última e a pior das recusas da reciprocidade. O prussiano convida todos os homens a admirarem a beleza dos seus grandes olhos azuis. Se eles o fazem, é porque seus olhos são inferiores ao do prussiano; se não o fazem, é porque não têm olhos.

Assim, onde quer que esteja o remanescente mais miserável da nossa raça, perdido e seco nos desertos,

A bárbarie de Berlim

ou enterrado para sempre sob os escombros de civilizações más — tenha ou não ele ainda uma fraca memória de que os homens são homens, que os acordos são acordos, que há dois lados numa questão, ou mesmo que são necessários dois para brigar —, esse remanescente tem o direito de resistir à Nova Cultura, à faca, ao porrete e a pedra lascada. Pois o prussiano dá início à sua cultura partindo da destruição de todo pensamento criativo e de toda ação construtiva. Ele quebra na alma aquele espelho no qual um homem pode ver o rosto de seu amigo e o de seu inimigo.

Capítulo III

O apetite da tirania

O imperador alemão censurou a aliança do nosso país com o "poder bárbaro e semioriental". Já deixamos claro em que sentido estamos usando a palavra bárbaro: no sentido de alguém que é hostil à civilização, e não de alguém que é insuficientemente civilizado. Mas, quando passamos da ideia do ser bárbaro para a ideia do ser oriental, o caso fica mais curioso ainda. Não há nada particularmente tártaro nos assuntos russos, exceto o fato de a Rússia ter expulsado os tártaros[20]. O invasor oriental ocupou e arrasou o país durante muitos anos; mas o mesmo ocorreu com

---

[20] Lembrando que estamos falando da Rússia anterior à revolução bolchevique, de 1917. (N. E.)

a Grécia, com a Espanha e até com a Áustria. Se a Rússia sofreu com o Oriente, ela sofreu por impor-lhe resistência: e é bastante difícil que o próprio milagre de ela ter conseguido libertar-se lance incógnitas sobre suas origens. Jonas pode ou não ter passado três dias dentro de um peixe, mas isso não fez dele um tritão. E, em todos os outros casos de nações europeias que escaparam de cativeiros monstruosos, admitimos a pureza e a continuidade do tipo europeu. Consideramos a antiga dominação oriental como uma chaga, mas não como uma mancha. Homens com a pele cor de cobre, vindos de África, governaram durante séculos a religião e o patriotismo dos espanhóis. No entanto, nunca ouvi dizer que Dom Quixote fosse uma fábula africana nos moldes do Tio Remus[21]. Muito menos ouvi dizer que o os fortes tons de preto nas pinturas de Velásquez (1599-1660) se devessem a uma ascendência negra em suas origens. No caso da Espanha, que fica aqui perto de nós, podemos reconhecer a ressurreição de uma nação cristã e culta depois do seu período de escravidão. Mas a Rússia não fica nada perto; e aqueles para quem as nações são apenas nomes nos jornais podem realmente acabar imaginando, como o amigo do sr. Baring, para o qual todas as igrejas russas são mesquitas. No entanto, a

---

[21] Personagem ficcional, Tio Remus é um velho negro sábio e genial, que conta histórias sobre Brer Rabbit, Brer Fox, e outros animais ao filho pequeno de um fazendeiro, e entrelaça sua filosofia do mundo ao seu redor. Ver: https://www.britannica.com/biography/Joel-Chandler-Harris. (N. T.)

A bárbarie de Berlim

terra de Ivan Turguêniev (1818-1883) não é um deserto de faquires; e mesmo o fanático russo tem tanto orgulho de ser diferente do mongol como o fanático espanhol se orgulha de ser diferente do mouro.

A cidade de Reading, tal como é hoje, oferece poucas oportunidades para a pirataria de alto mar; ainda assim, era o local de abrigo dos piratas na época de Alfredo. Eu acharia um tanto desmedido chamar o povo de Berkshire de semidinamarquês, simplesmente porque eles expulsaram os dinamarqueses. Em suma, alguma submersão temporária sob a inundação da selvageria foi o destino de muitos dos Estados mais civilizados da cristandade; e é absolutamente ridículo querer que se conclua disso que a Rússia, que mais arduamente lutou, foi a que menos conseguiu se recuperar. Por toda parte, sem dúvida, o Oriente espalhou uma espécie de esmalte sobre os países conquistados, mas por toda parte o esmalte craquelou. A história real, na verdade, é exatamente o oposto ao provérbio barato que foi inventado contra os moscovitas. Não é correto dizer "raspe um russo e você encontrará um tártaro". Na hora mais sombria da dominação bárbara, era mais correto dizer: "raspe um tártaro e você encontrará um russo". Foi a civilização que sobreviveu sob toda a barbárie. Esse romance vital da Rússia, essa revolução contra a Ásia, pode ser provado por fatos puros, não só pela atuação quase sobre-humana da Rússia durante a luta, mas também (o que é muito mais raro no decorrer da história humana) pela sua conduta bastante consistente desde então. A Rússia é a única grande nação que realmente expulsou os mongóis do seu território e continuou a protestar contra a presença dos mongóis no seu continente. Sabendo o que eles tinham sido para a Rússia, ela sabia o que eles seriam para a Europa. Nesse sentido, ela seguiu uma linha lógica de pensamento que era, no mínimo, muito hostil para com as energias e religiões do Oriente. Pode-se dizer que todos os outros países foram aliados dos turcos, fosse mongol ou muçulmano. Os franceses serviram-se deles como peças contra a Áustria; os ingleses os apoiaram entusiasticamente sob o regime de Palmerston (1784-1865). Até os jovens italianos enviaram tropas para a Crimeia, e a respeito da Prússia e sua vassala austríaca hoje em dia é desnecessário dizer qualquer coisa. Para o bem ou para o mal, é um fato histórico que a Rússia é a única potência na Europa que nunca apoiou o Crescente contra a Cruz.

Isso, sem dúvida, vai parecer um assunto sem importância, mas pode tornar-se importante sob certas condições específicas. Suponhamos, para efeito de argumentação, que existisse um príncipe poderoso na Europa que tivesse ostensivamente se desviado do seu caminho a fim de prestar reverência aos tártaros, mongóis e muçulmanos que ocupavam postos avançados na Europa. Suponhamos que existisse um imperador cristão que não pudesse sequer ir ao túmulo do Crucificado, sem acabar parando para felicitar o último crucificador vivo. Se existisse um imperador

A bárbarie de Berlim

que concedesse canhões, guias, mapas e instrutores militares para defender os mongóis remanescentes na cristandade, o que deveríamos dizer a ele? Eu penso que, ao menos, poderíamos pedir-lhe que nos explicasse o significado do seu atrevimento ao mencionar apoio a uma potência semioriental. Que nós tenhamos apoiado um poder semioriental nós negamos. Que ele tenha apoiado um poder inteiramente oriental não pode ser negado por ninguém, muito menos por ele, que foi quem o fez.

Aqui, entretanto, é preciso apontar diferença essencial entre a Rússia e a Prússia, especialmente por aqueles que usam os argumentos liberais típicos contra estes últimos. A Rússia vem seguindo uma política, digamos assim, por mal e por bem; e, em se comportando assim, ela tem produzido um pouco de um, um pouco do outro. Vamos admitir que a política adotada a tornou opressiva para os finlandeses e para os poloneses — embora os poloneses russos se sintam muito menos oprimidos do que os poloneses prussianos. Mas é fato histórico que, se a Rússia tem sido um déspota para algumas nações pequenas, tem sido um libertador para outras. Ela, no que esteve ao seu alcance, emancipou os sérvios e os montenegrinos. Mas quais países a Prússia emancipou — mesmo que por acidente? Na verdade, é um tanto extraordinário que, nas permutações perpétuas da política

G. K. Chesterton

internacional, os Hohenzollern[22] nunca tenham se perdido e acabado trilhando o caminho da luz. Eles fizeram e desfizeram alianças com quase todo mundo: com a França, com a Inglaterra, com a Áustria, com a Rússia. Alguém poderia francamente dizer que eles deixaram em qualquer um desses povos a mais leve impressão de progresso ou libertação? A Prússia era inimiga da monarquia francesa; mas era uma inimiga ainda pior da Revolução Francesa. A Prússia tinha sido inimiga do czar; mas era uma inimiga ainda pior da Duma[23]. A Prússia ignorou totalmente os direitos austríacos; mas hoje está bastante disposta a condescender com os erros austríacos. Essa é a forte diferença específica entre os dois impérios. A Rússia está perseguindo certos fins inteligíveis e sinceros, os quais, pelo menos para ela, são ideais, e pelos quais, portanto, fará sacrifícios e protegerá os fracos. Mas o soldado do norte da Alemanha é uma espécie de tirano abstrato, o qual, em toda parte e em todo o

---

[22] A casa de Hohenzollern é uma das mais importantes famílias nobres europeias, chegando ao auge com a criação do Império Alemão, da qual era a casa real através da dinastia homônima, reinante de 1871 até 1918, com a abolição da monarquia. Foi também a família real da Prússia. Ver: https://pt.wikipedia.org/wiki/Casa_de_Hohenzollern. (N. T.)

[23] Duma, ("Assembleia de Estado"), órgão legislativo eleito que, juntamente com o Conselho de Estado, constituiu a legislatura imperial russa de 1906 até sua dissolução na Revolução socialista de março de 1917. A Duma constituía a câmara baixa do parlamento russo e o Conselho de Estado era a câmara alta. Ver: https://www.britannica.com/topic/Duma-Russian-assembly. (N. T.)

A bárbarie de Berlim

tempo, coloca-se sistematicamente ao lado da tirania materialista. Esse teutão uniformizado tem sido visto em lugares estranhos; atirando em fazendeiros em Saratoga e açoitando soldados em Surrey, enforcando negros na África e violentando garotas em Wicklow; mas jamais, por alguma misteriosa fatalidade, ajudando na libertação de uma única cidade ou na independência de uma única bandeira. Onde quer que estejam o desprezo e a bem-sucedida opressão, aí está o prussiano; inconscientemente firme, instintivamente abusivo, inocentemente mau; "perseguindo a escuridão como um sonho"[24].

Suponha que ouvimos falar de uma pessoa (dotada de alguma longevidade) que tenha ajudado Alva [Fernando Álvarez de Toledo y Pimentel, Duque de Alba, 1507-1582) a perseguir os protestantes holandeses, depois tenha ajudado [Oliver] Cromwell (1599-1658) a perseguir os católicos irlandeses e depois tenha ajudado Claverhouse [John Graham de Claverhouse, Visconde de Dundee, 1648-1689] a perseguir os puritanos escoceses. Acharíamos mais fácil chamá-lo de perseguidor do que chamá-lo de protestante ou católico. Curiosamente, essa é a real posição do prussiano na Europa. Nenhum argumento pode alterar o fato de que, em três casos convergentes e conclusivos, ele esteve do lado de três governantes distintos e de religiões diferentes, que não tinham

---

[24] Referência à peça *Sonho de uma noite de verão*, de William Shakespeare (1564-1616). (N. E.)

nada em comum, a não ser o fato de governarem de forma opressiva. Nesses três governos, considerados separadamente, pode-se ver algo desculpável ou pelo menos humano. Quando o kaiser encorajou os governantes russos a esmagarem a Revolução, os governantes russos acreditaram sem dúvida que estavam lutando contra um inferno de ateísmo e anarquia. Um socialista do tipo inglês comum gritou comigo quando mencionei Pyotr Stolípin (1862-1911) e disse que ele era conhecido principalmente pelo apelido dado ao sistema de punição que ele privilegiava, a forca, conhecida "Gravata de Stolípin". Na verdade, havia muitas outras coisas interessantes em Stolípin além da gravata: sua política de propriedade agrícola, sua extraordinária coragem pessoal e, certamente, ainda mais interessante foi o ato que realizou quando estava em seu leito de morte: ele fez o sinal da cruz na direção do czar, [reconhecendo-o] como coroa e cabeça do seu cristianismo. Mas o kaiser não considera o czar o chefe da cristandade. Longe disso. O que ele estimava em Stolípin era a gravata e nada mais que a gravata: a forca e não a cruz. O governante russo acreditava que a Igreja Ortodoxa era ortodoxa. O arquiduque austríaco realmente desejava tornar católica a Igreja Católica. Ele realmente acreditava que estava sendo pró-católico ao ser pró-austríaco. Mas o kaiser não pode ser pró-católico e, portanto, não pode ter sido realmente pró-austríaco; ele era simples e exclusivamente antissérvio. Mais ainda, mesmo na força cruel e estéril da Turquia, qualquer pessoa com

A bárbarie de Berlim

imaginação pode ver algo da tragédia e, portanto, da sinceridade da verdadeira crença. O pior que se pode dizer dos muçulmanos é que, como disse o poeta, eles ofereceram ao homem a escolha entre o Alcorão ou a espada. O melhor que se pode dizer do alemão é que ele não se importa com o Alcorão, mas fica satisfeito se puder ficar com a espada. E para mim, confesso, até mesmo os pecados desses três outros diligentes impérios assumem, em comparação, algo que é doloroso e digno, e sinto que eles não merecem que esse pequeno preguiçoso luterano deva patrocinar tudo o que há de mal neles, enquanto ignora tudo o que é bom. Ele não é católico, não é ortodoxo, não é muçulmano. Ele é apenas um velho cavalheiro que deseja compartilhar o crime, embora não possa compartilhar o credo. Ele deseja ser um perseguidor *by the pang without the palm*[25]. Todos os instintos do prussiano o dirigem tão fortemente contra a liberdade que ele prefere oprimir os súditos de outras pessoas a pensar que pode existir alguém sem os benefícios da opressão. Ele é uma espécie de déspota desinteressado. Tão desinteressado quanto o diabo, que está pronto para fazer o trabalho sujo de qualquer um.

Isso pareceria obviamente fantástico, se não fosse apoiado por fatos sólidos que não podem ser explicados de outra forma. Na verdade, isso tudo seria

---

[25] Verso do poema *The Cry of the Children* [*O Choro das Crianças*] de inglesa Elizabeth Barrett Browning, o qual examina os horrores do trabalho manual infantil nas minas de carvão. (N. T.)

inconcebível se estivéssemos tratando de um povo inteiro, constituído por indivíduos livres e variados. Mas, na Prússia, a classe governante é realmente uma classe que governa, e são necessárias muito poucas pessoas que pensem assim para fazer com que todas as demais ajam como essas poucas determinam. E o paradoxo da Prússia é este: embora os seus príncipes e nobres não tenham outro objetivo nesta terra senão destruir a democracia onde quer que ela se apresente, eles conseguiram se convencer de que são, não os guardiões do passado, mas sim os precursores do futuro. Eles mesmos não acreditam na popularidade da sua teoria, mas acreditam que ela é progressista[26]. Aqui novamente encontramos o abismo espiritual entre as duas monarquias em questão. As instituições russas estão, em muitos casos, muito atrasadas em relação ao povo russo, e muitos do povo russo sabem disso. Mas as instituições prussianas são consideradas como estando adiantadas em relação povo prussiano, e a maior parte do povo prussiano acredita nisso. É, portanto, muito mais fácil para os senhores da guerra saírem por aí impondo, por todos os lados, uma escravidão sem esperança a todos, pois já impuseram uma espécie de escravidão esperançosa aos da sua própria raça. E quando vierem nos falar das antigas iniquidades da Rússia e de quão antiquado é

---

[26] "Progressista", aqui, no sentido explicitado no próprio texto de "precursores do futuro", e não como hoje é usado por fins meramente estratégicos para "socialismo" (N. E.)

A bárbarie de Berlim

o sistema russo, nós responderemos: "Sim, essa é a superioridade da Rússia". As suas instituições fazem parte da sua história, seja como relíquias ou fósseis. Os seus abusos foram realmente usados: isto é, acabaram se esgotando.

Se tiverem velhas máquinas de terror ou tormento, elas acabarão se desfazendo devido à simples ferrugem, como uma armadura velha. Mas, no caso da tirania prussiana, se é que é tirania, o ponto principal da sua afirmação é que ela não é antiga, mas que está começando neste momento, como faz um apresentador ao vivo. A Prússia tem uma próspera indústria de parafusos de dedo, agitadas lojas de rodas e cavaletes[27], tudo de acordo com os mais modernos e impressionantes modelos, com os quais ela pretende recuperar a Europa para a causa da Reação, *infandum renovare dolorem* [para renovar uma dor indescritível][28]. E se quisermos colocar a veracidade disso à prova, podemos empregar o mesmo método que nos mostrou que a Rússia, se a sua raça ou religião por vezes a tornaram um invasor e um opressor, por outras também poderia ser um emancipador e um cavaleiro andante. Da mesma forma, se as instituições russas são antiquadas, elas exibem honestamente o

[27] Os parafusos de dedos, rodas e cavaletes eram instrumentos de tortura. O parafuso de dedo, especificamente, foi usado pela primeira vez na Europa moderna. (N. T.)
[28] Referência ao poema latino *Eneida*, de Virgílio (70-19 a. C.), que narra o surgimento e a expansão do Império Romano. (N. E.)

bem e o mal que podem ser encontrados nas coisas antiquadas.

No seu sistema policial, eles têm uma desigualdade que vai contra aquilo que entendemos de lei. Mas no seu sistema de comunas eles têm uma igualdade que é mais antiga que a própria lei. Mesmo quando se açoitam como bárbaros, eles se tratam pelos seus nomes de batismo, como crianças. No que têm de pior, eles retiveram tudo o que há de melhor em uma sociedade rude. No que têm de melhor, são bons, em um modo simples, como boas crianças ou boas freiras. Mas, na Prússia, tudo o que há de melhor na máquina civilizada é colocado a serviço de tudo o que há de pior na mente bárbara. Aqui, mais uma vez, o prussiano não tem méritos ocasionais, nenhuma dessas sobrevivências afortunadas, nenhum desses arrependimentos tardios que formam a colcha de retalhos que é a glória da Rússia. Aqui tudo é definido e aponta para um propósito, e esse propósito, se as palavras e os atos têm algum significado, é a destruição da liberdade em todo o mundo.

Capítulo IV

O subterfúgio da insensatez

Ao apreciar o ponto de vista prussiano, temos considerado o que parece ser principalmente uma limitação mental: uma espécie de nó no cérebro. No que tange ao problema da população eslava, da colonização inglesa, dos exércitos e reforços franceses, verifica-se a mesma estranha má vontade filosófica. Até onde eu entendo, equivale a dizer: "Não está certo que você seja superior a mim, porque eu sou superior a você". Os porta-vozes desse sistema parecem ter uma curiosa capacidade de concentrar esses enredamentos ou contradições, por vezes num único parágrafo, ou mesmo numa única frase. Já fiz referência à célebre sugestão do imperador alemão segundo a qual, para evitar o perigo da condição de ser um huno, deveríamos todos nos tornarmos hunos. Um exemplo muito mais forte é a sua ordem mais recente às suas tropas em guerra no norte da França. Como a maioria das pessoas sabe, suas palavras foram:

> É minha ordem real e imperial que concentreis vossas energias, por ora, em um único propósito, que direcioneis toda a vossa habilidade e todo o valor dos meus soldados em exterminar, primeiramente, os traiçoeiros ingleses e em aniquilar o desprezível pequeno exército do general francês.

Um inglês pode permitir-se ignorar a grosseria do que foi dito; o que me interessa é a mentalidade, a linha de pensamento que consegue acabar ficando enredada mesmo em um espaço tão reduzido. Se o pequeno exército francês é desprezível, parece óbvio que seria melhor que toda a habilidade e valor do exército alemão não se concentrassem nele, mas sim nos aliados maiores e menos desprezíveis. Se toda a habilidade e valor do exército alemão estiverem concentrados no exército francês, ele não está sendo tratado como desprezível. Mas o retórico prussiano tinha em mente dois sentimentos incompatíveis, e ele insistiu em apresentar os dois ao mesmo tempo. Ele queria pensar no exército inglês como algo pequeno, mas também queria pensar na derrota inglesa como algo grande. Queria exultar, ao mesmo tempo, com a total fraqueza de um ataque dos britânicos e com a suprema habilidade e valor dos alemães em repelir tal

A bárbarie de Berlim

ataque. De alguma forma, isso deve soar, ao mesmo tempo, um colapso trivial e óbvio para a Inglaterra, e ainda assim um triunfo ousado e inesperado para a Alemanha. Ao tentar expressar simultaneamente essas concepções contraditórias, tornou-se bastante confuso. Ele, portanto, ordenou que a Alemanha enchesse todos os seus vales e montanhas com os tormentos de morte daquela pequena lacraia quase invisível, e deixasse que o sangue impuro desse inseto tingisse de vermelho o Reno até o mar.

Mas seria injusto basear uma crítica nas declarações de um príncipe inesperado e hereditário. E é quase a mesma coisa no caso dos filósofos que nos foram apresentados, mesmo na Inglaterra, como os verdadeiros profetas do progresso. E em nada isso é mostrado de forma mais nítida do que no curioso e confuso discurso sobre raça, especialmente a raça teutônica. O professor Adolf von Harnack (1851-1930) e tipos como ele nos censuram, pelo que sei, por termos quebrado "o laço do teutonismo"; laço este que os prussianos respeitam rigorosamente tanto na violação como na observância. Vemos isso na total anexação de terras exclusivamente habitadas por negros, como a Dinamarca. Também vemos isso quando reconheceram de modo rápido e alegre os cabelos louros e os olhos azuis dos turcos. Mas é o princípio abstrato do professor Harnack que mais me interessa; e, ao segui-lo, tenho a mesma complexidade de investigação, mas a mesma simplicidade de resultado. Comparando a preocupação do professor com o "teutonismo" em relação à sua despreocupação com a Bélgica, só posso chegar ao seguinte resultado: "Um homem não precisa cumprir uma promessa que fez. Mas um homem deve cumprir uma promessa que não fez". Certamente existiu um tratado que ligava a Grã-Bretanha à Bélgica; mesmo que não passasse de um pedaço de papel. Se houve algum tratado que ligou a Grã-Bretanha ao teutonismo, ele é, para dizer o mínimo, um pedaço de papel perdido; quase o que se chamaria de um pedaço de papel velho. Aqui, novamente, os pedantes em questão exibem a perversidade ilógica que faz o cérebro girar. Há obrigações, e não há obrigações. Por vezes, parece que a Alemanha e a Inglaterra devem manter seu compromisso uma com a outra; às vezes, que a Alemanha não precisa manter seu compromisso com nada nem com ninguém; às vezes, que apenas nós, entre os povos europeus, praticamente merecemos o direito de ser alemães; às vezes, que, além de nós, os russos e os franceses quase alcançam a beleza do caráter germânico. Mas perpassando tudo existe, nebuloso, mas não hipócrita, esse sentimento de algum teutonismo comum.

O professor Ernst Haeckel (1834-1919), outra das testemunhas invocada contra nós, alcançou alguma celebridade ao provar a notável semelhança entre duas coisas diferentes por meio da impressão de imagens duplicadas da mesma coisa. A contribuição do professor Haeckel na biologia, neste caso, foi exatamente igual à contribuição do professor Harnack na etnologia. O professor Harnack sabe como

A bárbarie de Berlim

é a fisionomia de um alemão. Quando quer imaginar como é a fisionomia de um inglês, ele simplesmente fotografa, de novo, o mesmo alemão. Em ambos os casos, há provavelmente sinceridade e também simplicidade. Haeckel estava tão certo de que as espécies ilustradas em embrião, de fato, estão intimamente relacionadas e ligadas, que lhe pareceu mais fácil simplificar as coisas por mera repetição. Harnack estava tão certo de que o alemão e o inglês eram quase iguais, que realmente arriscou a generalização de que são exatamente iguais. Ele fotografa, por assim dizer, o mesmo rosto belo e tolo duas vezes; e chama isso de notável semelhança entre primos. Assim, ele pode provar a existência do teutonismo de forma tão conclusiva quanto Haeckel provou a proposição mais sustentável da inexistência de Deus.

Ora, o alemão e o inglês não são nem um pouco parecidos — exceto no sentido de nenhum deles ser negro. Eles são, em tudo o que é bom e mau, mais diferentes do que quaisquer outros dois homens que possamos escolher aleatoriamente da grande família europeia. Eles são antagônicos já desde as raízes de suas histórias, e, mais ainda, desde sua geografia. Chamar a Grã-Bretanha de insular de modo algum é contar a história toda. A Grã-Bretanha não é apenas uma ilha, mas uma ilha cortada pelo mar até quase se dividir em três ilhas; e até mesmo nas Terras Médias[29]

---

[29] É a região que fica mais distante da costa do que qualquer outro lugar da Inglaterra. (N. T.)

G. K. Chesterton

quase consegue sentir o cheiro do sal. A Alemanha é um país continental poderoso, bonito e fértil, que só consegue alcançar o oceano por um ou dois caminhos tortuosos e estreitos, como aqueles pelos quais as pessoas encontram um lago subterrâneo. Por isso a Marinha britânica é realmente nacional porque é natural; ele resultou de centenas de aventuras acidentais de navios e marinheiros antes e depois da época de Chaucer (c. 1343-1400). Mas a Marinha alemã é uma coisa artificial; tão artificial quanto seria um alpe construído na Inglaterra. Guilherme II (1859-1941) simplesmente copiou a Marinha britânica como Frederico II copiou o Exército francês: e essa diligência, japonesa ou de formiga, na imitação é uma das centenas de qualidades que os alemães têm, e os ingleses caracteristicamente não têm. Existem outras superioridades alemãs que são realmente superiores.

As uma ou duas coisas realmente divertidas que os alemães têm são precisamente as que os ingleses não têm, a saber, um verdadeiro apreço pela música popular e pelas antigas canções do povo, não apenas por aquelas próprias das cidades, mas também por aquelas colhidas entre os profissionais. Nisso os alemães se assemelham mais aos galeses, embora só Deus saiba o que acontecerá ao teutonismo se essa semelhança for de fato um fato. Mas a diferença entre os alemães e os ingleses é mais profunda do que todos esses indícios: eles são mais diferentes do que quaisquer outros dois europeus na disposição habitual de espírito. Fundamentalmente, eles diferem

A bárbarie de Berlim

no que é o mais inglês de todos os traços ingleses, aquela vergonha que os franceses podem estar certos quando denominam de "a má vergonha", pois, sem dúvida, ela vem misturada com orgulho e desconfiança, cujo resultado chamamos de timidez. Mesmo a grosseria de um inglês, muitas vezes, tem suas raízes no fato de ele ser capaz de sentir vergonha. Mas a grosseria de um alemão está enraizada no fato de ele nunca se sentir envergonhado. Ele come e faz amor de modo barulhento. Jamais se dá conta de que um discurso, uma canção, um sermão ou uma grande refeição podem ser, como dizem os ingleses, "impróprios" em circunstâncias específicas. Quando os alemães agem de modo patriótico ou religioso, eles não reagem contra o patriotismo e à religião como os ingleses e os franceses.

E mais: grande parte do erro da Alemanha no atual desastre vem do fato de ela pensar que a Inglaterra era trivial, quando, na verdade, a Inglaterra é muito sutil. Ela [a Alemanha] pensava que, porque nossa política tinha se tornado, em grande parte financeira, havia se tornado inteiramente financeira; que, porque nossos aristocratas se tornaram bastante cínicos, eles haviam se tornado inteiramente corruptos. Não conseguiram apreender a sutileza pela qual um cavalheiro arruinado pode vender uma espécie de coroa, mas não venderia uma fortaleza; ele até pode baixar um estandarte, mas não baixa uma bandeira.

Resumindo, os alemães têm a certeza de que nos compreendem por inteiro, mas é porque justamente não nos entendem em nada. É possível que, se eles começassem a nos compreender, iriam nos odiar ainda mais. Mas eu preferiria ser odiado por alguma razão pequena, mas real, do que perseguido com amor por todos os tipos de qualidades que não possuo e não desejo. E quando os alemães tiverem o primeiro vislumbre genuíno de como é a Inglaterra moderna, eles descobrirão que a Inglaterra tem um sentimento muito imperfeito, tardio e inadequado de uma obrigação para com a Europa, mas nenhum tipo de sentimento de qualquer obrigação para com o teutonismo.

Esta é a última e mais forte das qualidades prussianas que consideramos aqui. Há na estupidez uma estranha força traiçoeira, porque ela pode estar não apenas fora das regras, mas também fora da razão. O homem que realmente não consegue perceber que está se contradizendo tem uma grande vantagem na controvérsia, embora a vantagem seja destruída quando ele tenta reduzi-la à mera adição, ao xadrez ou ao jogo chamado guerra. O mesmo acontece com a estupidez do parentesco unilateral. O bêbado que tem certeza de que um estranho é seu irmão há muito perdido tem uma vantagem maior até que se comece a avaliar detalhes. "Precisamos ter um caos interior", disse Nietzsche (1844-1900), "para que possamos dar à luz uma estrela dançante".

Nessas breves notas, sugeri os principais pontos fortes do caráter prussiano. Uma falha de honra que quase equivale a uma falha de memória, uma egolatria que é honestamente cega ao fato de o outro ser

A bárbarie de Berlim

também um ego e, acima de tudo, uma verdadeira ânsia pela tirania e interferência, esse diabo que, por toda parte, atormenta os ociosos e os orgulhosos. A estes deve ser acrescentada uma certa deformação no espírito, que pode se expandir ou se contrair sem referência à razão ou à memória; um potencial infinito de desculpas. Se os ingleses estivessem combatendo ao lado dos alemães, os professores alemães sublinhariam quão arrebatadora era a determinação que evoluiu nos teutões. Como quem está do outro lado são os ingleses, esses mesmos professores alemães dirão que aqueles teutões não eram suficientemente evoluídos. Ou que então que haviam evoluído apenas o suficiente para que pudessem ser chamados de teutões. Provavelmente eles dirão as duas coisas. Mas a verdade é que tudo o que chamam de evolução deveria antes ser chamado de subterfúgio. Eles nos dizem que estão abrindo janelas de iluminação e portas de progresso. A verdade é que eles estão destruindo toda a casa do intelecto humano, para que possam fugir em qualquer direção. Existe um paralelo sinistro e quase monstruoso entre a posição dos seus filósofos sobrevalorizados e a dos seus soldados comparativamente subestimados. Pois o que os seus professores chamam de estradas de progresso são, na verdade, rotas de fuga.

A LVM também recomenda

RICARDO M. ROJAS
INFLAÇÃO

COMO DELITO

LVM EDITORA

Ricardo M. Rojas concentra suas análises nas causas da inflação, lembrando-nos que "o que inflaciona é o dinheiro, e não os preços". Desta forma, a explicação habitual da inflação como o "aumento dos preços" contém um erro que custou caro às sociedades modernas. O autor desenvolve o conceito e a origem do dinheiro, dos preços, da inflação e suas causas, demonstrando que o único responsável pela inflação é o governo, onde um aumento da quantidade de dinheiro em circulação deprecia o seu valor de compra e distorce os preços relativos. Ao final, Rojas ensaia a explicação jurídica sobre a responsabilidade do governo pelas suas ações.

CONHEÇA O MAIOR E MELHOR CLUBE DE LIVROS CONSERVADOR E LIBERAL DO BRASIL.

Acompanhe a LVM Editora nas Redes Sociais

f https://www.facebook.com/LVMeditora/

◉ https://www.instagram.com/lvmeditora/

Esta obra foi composta pela Spress em Fournier
(texto) e Caviar Dreams (título) e impressa em Pólen
80g. pela bmf Gráfica e Editora para
a lvm em outubro de 2023.